BALLET

DE LA

JEUNESSE,

QUI SERA DANSÉ

AU COLLEGE DE LOUIS LE GRAND

A LA TRAGEDIE

DE POSTHUMIUS.

DEDIÉ

A MONSEIGNEUR LE DUC

DE BOURGOGNE.

Le Mercredy 7. jour d'Aouſt à midy.

A PARIS,

Chez ANTOINE LAMBIN, ruë S. Jacques, au Miroir.

M. DC. XCVII.

LA JEUNESSE

DU COLLEGE
DE LOUIS LE GRAND
A MONSEIGNEUR
LE DUC DE BOURGOGNE.

Eune Prince, dans qui l'Esprit & la Sagesse
Ont esté l'ornement d'une tendre Jeunesse :
Que le Ciel en naissant a comblé de faveurs,
Pour servir de modele & d'éxemple des mœurs.
Souffre que sous tes yeux nous ayons l'avantage,
D'apprendre en te voyant les regles de nostre âge ;
Et que tant de Vertus, qui reluisent en Toy,
D'un sévere devoir nous imposent la loy.

Ton esprit éclairé de brillantes lumieres
Est toujours au dessus des plus hautes matieres :
Et des autres Esprits ce qui fait le tourment ;
Pour ton rare génie est un amusement.

Mais ce cœur, où du Ciel les douces influences
Ont déja fait germer tant d'heureuses semences ;
Quels prodiges un jour ne nous promet-il pas ?
Qu'il sera glorieux de marcher sur tes pas !

Dans tout ce que tu fais regne la politeſſe ;
A la noble fierté tu ſçais joindre l'adreſſe :
Dans la Danſe , à la Chaſſe , à pied comme à Cheval ;
Tout eſt grand dans ton air , & tout eſt martial.

De ces grandes Vertus le parfait aſſemblage
D'Apollon, ny de Mars n'a point eſté l'ouvrage ;
Et la ſage Minerve entre ſes Nourriçons ,
PRINCE, ne t'a point veu prendre de ſes leçons.
Pour former un Héros qui doit paſſer Achille,
Il nous falloit encore une main plus habile :
LOUIS a prévenu nos vœux & nos beſoins ;
A tes plus jeunes ans il a donné ſes ſoins :
Et malgré l'embarras de ces exploits de guerre ,
Qui vont rendre bientoſt le repos à la terre :
On diroit à le voir , qu'il ne ſonge aujourd'huy ,
Qu'a te rendre auſſi grand , auſſi ſage que luy.

Pour nous qui brûlons tous d'un véritable zele
D'imiter de noſtre âge un ſi rare modele :
Heureux ! ſi de plus près nous n'avions d'autre employ,
Que de te voir , te ſuivre , & n'écouter que Toy.

DESSEIN

DESSEIN
DU BALLET.

QVATRE choſes ſont neceſſaires pour élever & pour former une Jeuneſſe, qui doit eſtre
un jour l'appuy & l'ornement d'un Eſtat. Il faut
luy eſclairer l'Eſprit par l'eſtude des Sciences. On doit
luy regler le Cœur, en luy inſpirant de l'horreur du
vice & de l'amour pour la vertu. Les Exercices du
Corps ſont neceſſaires auſſi, pour la diſpoſer aux
fonctions d'un âge plus avancé. Enfin comme la
Jeuneſſe n'eſt point capable d'une application continuelle, elle ne peut ſe paſſer de quelques divertiſſements honneſtes, qui interrompent de temps en temps
ſes plus ſerieuſes occupations. Ces quatre choſes fourniſſent la matiere aux quatre Parties qui diviſent
ce Ballet.

APOLLON sous la protection duquel sont les Sciences, prend soin d'y former l'esprit de la Jeunesse; & pour luy en faciliter l'étude, il ne les luy represente d'abord que sous des images agréables.

APOLLON.

ELEVES D'APOLLON.

APOLLON.

QUEL spectacle charmant se presente à mes
    yeux?
    Tandis qu'une illustre Jeunesse,
    D'obeïr à mes Loix s'empresse;
    Apollon, qu'il t'est glorieux,
De paroistre aujourd'huy dans ces augustes lieux!
    Le temps n'est plus que l'Ignorance
Regnoit impunément dans le sein de la France:
Qu'à toute la Noblesse on faisoit un devoir,
De vivre sans estude, & de ne rien sçavoir.
    Alors la timide Science,
    Sans honneur & dans l'indigence,

3

Loin des Palais & de la Cour,
Vivoit dans un trifte fejour.
Moy-mefme condamné dans ces lieux à me taire,
J'euffe paffé pour temeraire,
D'y vouloir feulement faire entendre mon nom :
J'eftois un Dieu peu neceffaire,
On fe paffoit aifément d'Apollon,
Et de tout le facré Vallon.
Mais à prefent tout a changé de face :
Graces aux bienfaits inoüis,
Dont nous comble le grand Louis ;
On fe fait un honneur d'avoir rang au Parnaffe ;
Et je m'apperçois chaque jour,
Que mon credit s'augmente auffi bien que ma cour.
Chacun s'eftudie à me plaire :
Grands & petits, tous s'en font une affaire ;
Et je compte aujourd'huy parmi mes nourriçons,
Des Princes affidus à prendre mes leçons.
Pour une Jeuneffe fi chere,
N'efpargnons ni peines, ni foins,
Qu'elle efprouve dans fes befoins
Un amour ardent & fincere.

DIDYME.

Que ne devons-nous point à tes soins obligeans?
Non jamais, Apollon, noftre reconnoiſſance
    N'égalera ta vigilance,
    A cultiver nos jeunes ans.

TEGE'E.

    L'Ignorance, ce monſtre horrible
    Nous tiendroit aſſervis ſans toy
    Sous une injuſte & dure loy :
    Mais à nos maux tousjours ſenſible,
    Contre un ennemy ſi terrible,
    Tu nous preſtes un promt ſecours,
    Dés qu'à tes ſoins on a recours.

CARYSTE.

    Une fidelle intelligence,
    Le flambeau tousjours à la main
T'accompagne en tous lieux, & fait de ta preſence
    Sentir le pouvoir ſouverain.
    C'eſt elle qui de noftre enfance
    Diſſipant le nuage épais,
    Fait ſucceder tes ſignalez bienfaits,
    Aux tenebres de l'Ignorance.

PALANTE'E.

Eſt-il moyen ingenieux
Que tu ne mettes en uſage,
Pour ſouſtenir noſtre courage,
Et charmer les dégouſts d'un travail ennuyeux?

PYRRHE'E.

Par mille divers artifices
D'un penible devoir deſguiſant les rigueurs;
Tu nous fais trouver des douceurs
Dans les plus rudes exercices.

APOLLON.

Pour ſatisfaire à de ſi juſtes vœux,
N'en doutez point, Jeuneſſe aimable;
Vous trouverez tousjours Apollon favorable,
Tousjours preſt à vous rendre heureux.

PREMIERE PARTIE.

LA GRAM- *I. ENTRE'E.* LES Egyptiens rendent graces à Mercure
MAIRE. de leur avoir donné l'invention des Let-
tres qui font contenuës dans l'Alphabet. Les Grecs s'aquittent
du mefme devoir à l'égard de Cadmus , qui les porta dans
leur païs , & leur apprit l'art d'en compofer le difcours.

L'ELOQUENCE, *II. ENTRE'E.* Amphion & Orphée font voir les char-
LA POESIE, mes & la force de l'Eloquence, de la Poëfie & de la Mufique:
LA MUSIQUE. l'un en deftachant les pierres & les rochers de leur place : l'autre en traifnant aprés foy les arbres , les animaux, & tous les
habitans des forefts.

LA PHILO- *III. ENTRE'E.* Platon, Ariftote, Democrite, & Epi-
SOPHIE. cure fuivis des Philofophes modernes cherchent à l'envy la
Verité. Elle paroift à leurs yeux ; mais comme chacun veut l'a.
voir de fon cofté, ne pouvant eftre à tous , elle s'échappe de
leurs mains , non fans perdre quelque chofe de fes veftements,
dont ils font trophée.

LES MATHE- *IV. ENTRE'E.* Archiméde ayant trouvé l'invention d'u-
MATIQUES. ne Sphére de verre , dont les cercles fuivoient regulierement
les divers mouvements des Cieux , eft reveré comme un Dieu
par les habitans de Syracufe.

LA JURISPRU- *V. ENTRE'E.* La Chicane, la Fourbe, & l'Avarice cou-
DENCE. vertes de l'apparence des Vertus, tafchent de tromper ou de
corrompre la Juftice : mais la Jurifprudence les ayant dévoi-
lées, les fait connoiftre pour ce qu'elles font.

L'HISTOIRE. *VI. ENTRE'E.* Le Temps aprés avoir renverfé les plus
beaux monuments , entreprend de triompher de la Valeur , de
la Force & des autres Vertus : mais l'Hiftoire vient à leur fe-
cours, & enchaifne le Temps luy-mefme.

MINERVE qui passe pour la Sagesse dans la Fable, s'applique à regler le cœur de la Jeunesse, en luy mettant devant les yeux les funestes effets des Vices & des Passions, & les avantages de la Vertu.

MINERVE.

ELEVES DE MINERVE.

MINERVE.

POUR vous, illustre & charmante Jeunesse,
Je quitte avec plaisir le celeste sejour ;
Il est juste que dans ce jour
Un chacun pour vous s'interesse.
Apollon en vostre faveur
A banni de l'esprit l'Erreur & l'Ignorance :
Par un bienfait d'une égale importance,
Minerve veut regler le cœur.

ACASTE.

Que ne devons-nous point attendre
De tes importantes leçons ?
Parle, sage Desse, à tes justes raisons
Nous sommes prests tous de nous rendre.

MELANTHE.

Rien ne pourra nous arrefter :

Sous une conduite fi fage,

Malgré la foibleffe de l'âge,

Nous n'avons rien à redouter.

MINERVE.

De mille Paffions flateufes

Voulez-vous éviter les dangereux appas ;

Jettez les yeux fur les chûtes fafcheufes

Qu'elles font faire à chaque pas.

Si le faux éclat de la gloire

Vient un jour à tenter vos cœurs ambitieux :

De ces Titans audacieux

Rappellez auffi-toft l'hiftoire.

De leurs projets feditieux

Le temps conferve encore aujourd'huy la memoire :

Mais Jupiter du haut des cieux

Confondit tous ces factieux ;

Et par cette infigne victoire

Se fit craindre à jamais mefme des plus grands Dieux.

De l'infatiable Avarice

Quand vous reffentirez le dangereux tranfport ;

De

SECONDE PARTIE.

I. ENTRE'E. **L**ES Titans font leurs efforts pour efca-
lader le Ciel, & pour détrofner Jupiter:
mais Jupiter les renverfe d'un coup de foudre ; & deftruit tous
leurs vains projets.

L'AMBITION.

II. ENTRE'E. Les Femmes de Thrace n'ayant pû en-
gager Orphée à celebrer avec elles les Feftes de Bacchus,
animées par le Dépit, la Colere & la Haïne le déchirent en
pieces.

LE DEPIT,
LA HAINE,
ET LA COLERE.

III. ENTRE'E. Midas que l'Avarice avoit pouffé à de-
mander à Bacchus, que tout ce qu'il toucheroit fe changeaft
en or, fe voit en danger de mourir de faim, toutes les viandes
fe convertiffant en or, dés qu'il les portoit à fa bouche.

L'AVARICE.

IV. ENTRE'E. Les Lapithes ayant pris querelle enfem-
ble au milieu d'une débauche ; excitez par les fumées du vin,
s'entretuent les uns les autres.

LA DEBAUCHE
DANS LE VIN.

V. ENTRE'E. Annibal & toute la Nobleffe de Carthage
fiers de leurs fuccés, fe préparoient à terminer glorieufement
leurs conqueftes par le Siege de Rome ; mais l'Oifiveté, le Luxe, la Moleffe & la Volupté fuivies des Jeux & des Plaifirs ,
leur enlevent les armes des mains , & les font oublier de
leurs premiers exploits.

L'OISIVETE',
LE LUXE,
LA MOLESSE
ET LA VOLUP-
TE'.

VI. ENTRE'E. Minerve aprés avoir fait voir à la Jéu-
neffe dans les exemples précedents les effets malheureux des
vices & des paffions, luy apprend comme on les doit vaincre:
en luy propofant pour modeles Hercule, Perfée, Thefée, Hip-
polyte & les autres Heros, qui enchaifnent les Paffions & les
font fervir de trophée à la Vertu.

LE TRIOMPHE
DE LA VERTU.

MARS se charge de former la Jeunesse aux exercices du Corps, en faveur de ceux qui doivent un jour se ranger sous ses étendarts, & luy en propose d'excellents modeles dans les plus grands Heros de l'antiquité.

MARS.

JEUNES HEROS.

MARS.

VOus, qui par mille beaux exploits,

Meriterez un jour une gloire immortelle,

Jeunes Heros, c'est Mars qui vous appelle :

Venez vous ranger sous mes Loix.

PERSE'S.

Nous sommes prests d'obeïr à ta voix :

Nous brûlons tous pour toy d'un veritable zéle :

Mais, ô puissant Dieu des combats,

Quels services peut-on te rendre ?

Et qu'est-ce que Mars peut attendre

De la foiblesse de nos bras ?

TIMOMAQUE.

O si la tendresse de l'âge

N'arrestoit l'ardeur du courage !

De Midas le funeste sort,
Pour vous défendre de ce vice,
Vous sera d'un puissant secours.

C L E S I D E.

Nous sçavons ce qu'il eut à craindre pour ses jours,
Lorsqu'une soif cruelle, une étrange furie
D'entasser tresor sur tresor,
Luy faisant changer tout en or,
Pensa l'arracher à la vie.

M I N E R V E.

Sur tout si les charmes trompeurs
D'une oisive & lasche molesse,
Font un jour quelque effort pour seduire vos cœurs;
Ecoutez, aimable Jeunesse;
Contre ce poison si fatal,
L'histoire vous fournit l'exemple d'Annibal.

E S I M E D E.

Il est vray, ce fut ce grand homme,
Qui porta la terreur jusqu'aux portes de Rome:
Mais de la Volupté les terribles effets,
Renverserent bien-tost de si nobles projets.

B

MINERVE.

Des autres Paſſions les dangereuſes ſuites,
    Contre leurs injuſtes pourſuites
    Pourront vous ſervir de remparts :
Mais ſi dans cette longue & penible carriere,
Où vous devez un jour courir mille hazards,
Vous voulez remporter une victoire entiere ;
Contemplez à loiſir les illuſtres travaux
    De tant de glorieux Heros.
De cent rares vertus le genereux Perſée,
    Hippolyte, Hercule, Theſée,
    Vous ont laiſſé de riches monuments ;
Imitez à l'envy ces exemples fidelles,
    De ſi beaux, de ſi grands modeles,
Meritent à jamais tous vos empreſſements.

Des exercices plus paisibles;
Qui sans vous accabler de trop pesans fardeaux,
Peuvent vous disposer aux plus rudes travaux.
La Chasse convient à vostre âge:
Ses plaisirs sont laborieux;
Elle fut de tout temps le noble apprentissage
Des Heros & des demi Dieux.
Elle est l'image de la Guerre;
Vous y verrez des sieges, des combats:
Vos armes sans peril y couvriront la terre,
De morts que vous ne plaindrez pas.
La Danse, la Course & la Lutte;
Instruisent en joüant & forment des guerriers;
Les victoires qu'on s'y dispute,
Sont des presages seurs des plus fameux lauriers.

ATHAMAS.

Dans ces jeux innocens faisons-nous une étude,
Et de la guerre & des combats:
Et quelque part un jour où nous portions nos pas,
Nous sçaurons, compagnons, sans trouver rien de rude,
Combattre par plaisir, vaincre par habitude.

TROISIE'ME PARTIE.

LA D'ANSE. *I. ENTRE'E.* LES Curettes chargez par Cybele d'esse-
ver Jupiter pendant son enfance, crai-
gnant que ses cris ne fissent connoistre sa naissance à Saturne,
inventent une danse au son des Timbales & des Tambours.

LA CHASSE. *II. ENTRE'E.* Meleagre, Acteon, Cephale les Héros
de la Chasse, montrent à la Jeunesse à tirer de l'Arc & à lan-
cer le Javelot.

L'ESCRIME. *III. ENTRE'E.* Achille, sous prétexte d'honorer les
funerailles de son amy Patrocle, donne un spectacle de jeunes
Troyens, qui s'escriment les uns contre les autres.

LA LUTTE. *IV. ENTRE'E.* Thesée prest à marcher contre les
Amazones & les Thebains ; pour rendre les Atheniens plus
souples & plus endurcis aux fatigues de la guerre , les exerce
à la Lutte.

LA COURSE. *V. ENTRE'E.* Endymion Roy d'Elide , d'où les Jeux
Olympiques ont pris leur origine ; promet le Royaume à celuy
de ses Enfans, qui surpassera les autres à la Course.

**L'EXERCICE DU
CHEVAL, OU LE
CARROUSEL.** *VI. ENTRE'E.* Pyrrhus de Cydonée, pour faire gouster
à la Jeunesse de Créte l'Exercice du Cheval, dont il est l'in-
venteur, propose des prix à ceux qui se distingueront par leur
force & par leur adresse dans un celebre Carrousel.

MOMUS

Tu nous verrois malgré les caprices du fort
Affronter les perils & défier la mort.

ANTIPHILE.

Eſt-ce donc la Jeuneſſe, amis, qui vous árreſte?
Ah ! tentons dés ce jour quelque belle conqueſte.
Puiſque Mars nous invite à marcher ſur ſes pas ,
  Sur l'ennemy nous aurons l'avantage :
Penſe-t-on que ce ſoit à la longueur des bras
  Que ſe meſure le courage?

ARTEMON.

En effet, à quoy bon tous ces retardements?
Au milieu des dangers, ô Mars, ſur ta parole,
Il n'eſt aucun de nous auſſi-toſt qui ne vole.
  Faut-il dans ſes retranchements
  Forcer un ennemy rebelle?
  Faut-il te prouver noſtre zéle
  Par quelque coup d'éclat & de vigueur?
Parle....

MARS.

Que j'aime à voir cette naiſſante ardeur !
Non ce n'eſt point encor, Jeuneſſe magnanime,
  Ce que Mars exige de vous :
  Réſervez ce noble couroux,

Et le beau feu qui vous anime;

Il me suffit d'avoir maintenant voftre eftime;

Le temps viendra que parmy mes guerriers,

Vous pourrez à loifir moiffonner des lauriers.

ACRISE.

Par quel moyen pouvons-nous donc te plaire?

Que faut-il pour te fatisfaire?

O Mars explique toy; dés le mefme moment,

Tu jugeras de noftre empreffement.

ERICHTHON.

De nos juftes defirs tu vois l'impatience:

Tu fçais, pour de jeunes Heros

Combien eft dangereux un indigne repos.

Ne peut-on faire en ta prefence

Quelque legere experience,

De ce qu'un jour au milieu des hazards,

Nous ferons fous tes étendars?

MARS.

C'eft en ces lieux ce qui me fait defcendre;

Jeunes Heros, fi voftre âge encor tendre

Vous éloigne de mes drapeaux;

Il eft des routes moins penibles,

MOMUS prend avec plaisir le party de delasser la Ieunesse de ses occupations les plus serieuses, en luy procurant une récréation honneste & agréable, telle qu'elle convient à de jeunes Heros.

MOMUS.

JEUNES HEROS.

MOMUS.

QUoy jamais de repos, trop aimable Jeunesse?
Avez-vous resolu de travailler sans cesse?
Et ne puis-je esperer que parmy vos moments,
Vous donniez quelque part à nos amusements?
Ne craignez point que Mars, Apollon, ou Minerve,
    M'envient un destin si doux:
Les plaisirs innocents que Momus vous réserve,
    Ne sont point indignes de vous.
    De tous les Heros de vostre âge,
Nul ne s'est dispensé d'obéir à mes Loix:
    Pour se divertir quelquefois,
    On ne laisse pas d'estre sage.
L'esprit ne souffre point un travail assidu;

De temps en temps il le faut interrompre ;
L'arc qui feroit tousjours tendu,
Ne pourroit manquer de fe rompre.

PHYLARQUE.

De fi juftes raifons convainquent nos efprits ;
Puifque ces Heros, dont l'hiftoire
Vante fi hautement la gloire,
Ont fuivi les Jeux & les Ris :
Je veux eftre, Momus, un Heros à ce prix.

CECROPS.

Profitons des douceurs que le ciel nous envoye :
Momus, je fuis de ton humeur :
Quelques moments de plaifir & de joye
Font courir au travail aprés, de meilleur cœur.

PANDION.

Minerve & Mars, & le Dieu du Parnaffe,
Ont icy regné tout le jour :
Il eft temps qu'ils cedent la place,
Et que Momus regne à fon tour.

APSANDRE.

Ces Dieux, n'en doutez point, nous verront fans envie
De Momus remplir les defirs :

D'honneftes. foins & d'innocents plaifirs

Sont le partage de la vie.

MOMUS.

Les Ris, les Jeux avec tous leurs appas,

Empreffez à vous fatisfaire,

Se feront honneur de vous plaire:

Jeunes Heros, ne les épargnez pas.

PHORONE'E.

Ah! des Echets fur tout, Momus, je te conjure;

Ce jeu fied bien à de jeunes foldats:

On y voit des affauts, des fiéges, des combats;

C'eft de la guerre une vive peinture.

THERSIPPE.

Ce jeu demande un trop grand ferieux:

Mais le Balon, Momus, feroit bien mon affaire:

Je te réponds fans eftre témeraire,

Que j'y réüffirois des mieux.

J'aime la Paulme encore à la folie:

En fait d'adreffe & de vigueur,

Il n'eft aucun qui me fit peur;

Et fi Nauficaa retournoit à la vie,

Contre elle hardiment je tiendrois la partie,

Et je pourrois eſtre vainqueur.

E T O L E.

Les Quilles ont pour moy des graces non pareilles:

Procure-nous ce divertiſſement:

De tout autre, Momus, je te quitte aiſément,

Tu m'y verras faire merveilles.

A M P H I C T Y O N.

Puiſqu'à nos vœux Momus a tant d'égard,

Il faut auſſi que je m'explique:

Je le dis franchement: aucun jeu ne me pique

Comme fait le Colin-maillard.

M O M U S.

Que chacun ſur moy ſe repoſe,

Vous ſerez tous contens; allez, vivez en paix:

Si je puis pour vous quelque choſe,

Vous reſſentirez mes bienfaits.

QUATRIEME PARTIE.

I. ENTRE'E. **P**ALAMEDE pour divertir la Jeuneſſe LES ECHETS.
de Grece, que les longues fatigues du
Siege de Troye commençoient à laſſer, invente le jeu des Echets.

II. ENTRE'E. Les Lacedemoniens & les Sicyoniens ſe LE BALLON.
diſputant l'honneur de l'invention du Ballon, ſe font un défy;
& conviennent enſemble que la gloire en demeurera à celuy
des deux partis, qui ſera vainqueur.

III. ENTRE'E. Les Compagnons d'Ulyſſe ayant crevé LE COLIN-
l'œil à Polyphême, le ſeul qu'il avoit au milieu du front; les MAILLARD.
jeunes Grecs qu'il tenoit enfermez, s'eſchapent & ſe diver-
tiſſent du Cyclope.

IV. ENTRE'E. Les Pygmées, dont la petiteſſe repreſen- LES QUILLES
te aſſez naturellement les Quilles, donnent le ſpectacle de ce
jeu. Ce petit peuple ayant trouvé Hercule endormi eut la
hardieſſe de l'inſulter. Hercule s'étant éveillé ſe contente
d'abord de les épouvanter en roulant une pierre au milieu d'eux;
mais les Pygmées l'ayant évitée, & s'eſtant reſtablis dans le
meſme ordre, Hercule en renverſe une partie du manche de
ſa maſſuë, & renferme l'autre dans ſa peau de lion.

V. ENTRE'E. Alcinoüs Roy des Phéaques aprês avoir LA PAULME.
traité honorablement Ulyſſe, que la tempeſte avoit jetté ſur
ces coſtes, luy donne le divertiſſement de la Paulme, dont
Nauſicaa ſa fille avoit récemment inventé le jeu.

VI. ENTRE'E. Momus non content d'avoir procuré à LES GOBELETS.
la Jeuneſſe tous ces différents plaiſirs, veut contribuer par luy-
meſme à la divertir. Il vient ſuivi de ſa troupe ordinaire, qui
par mille tours d'adreſſe donne un ſpectacle agréable &
rejoüiſſant.

BALLET GENERAL.

Toute la Jeunesse en reconnoissance des obligations qu'elle a à Apollon, à Minerve, à Mars, & à Momus des soins qu'ils ont pris de son éducation, instituë une feste célebre en l'honneur de ces quatre Divinitez, dont la memoire puisse se renouveller tous les ans.

La Composition des Airs & de la Danse, est de Monsieur de Beauchamps.

ACTEURS RECITANS.

FRANCOIS DU BOIS.	CHARLES DE COETLOGON.
HENRY ORRY.	JEAN DORINIERE.
SEBASTIEN DE LANGLE.	ANT. HUGUES LAMBOTTE.
	BENJAMIN THOURET.